BEI GRIN MACHT SICH IHR WISSEN BEZAHLT

- Wir veröffentlichen Ihre Hausarbeit, Bachelor- und Masterarbeit

- Ihr eigenes eBook und Buch - weltweit in allen wichtigen Shops

- Verdienen Sie an jedem Verkauf

Jetzt bei www.GRIN.com hochladen und kostenlos publizieren

Michael A. Braun

Die soziodemographische Entwicklung der nichtdeutschen Bevölkerung der Freien und Hansestadt Hamburg im Zeitraum 1975 - 1999 am Beispiel stark vertretener Ethnien

GRIN Verlag

Bibliografische Information der Deutschen Nationalbibliothek:

Die Deutsche Bibliothek verzeichnet diese Publikation in der Deutschen National-bibliografie; detaillierte bibliografische Daten sind im Internet über http://dnb.d-nb.de/ abrufbar.

Impressum:

Copyright © 2002 GRIN Verlag GmbH
Druck und Bindung: Books on Demand GmbH, Norderstedt Germany
ISBN: 978-3-640-18430-9

Dieses Buch bei GRIN:

http://www.grin.com/de/e-book/40197/die-soziodemographische-entwicklung-der-nichtdeutschen-bevoelkerung-der

GRIN - Your knowledge has value

Der GRIN Verlag publiziert seit 1998 wissenschaftliche Arbeiten von Studenten, Hochschullehrern und anderen Akademikern als eBook und gedrucktes Buch. Die Verlagswebsite www.grin.com ist die ideale Plattform zur Veröffentlichung von Hausarbeiten, Abschlussarbeiten, wissenschaftlichen Aufsätzen, Dissertationen und Fachbüchern.

Besuchen Sie uns im Internet:

http://www.grin.com/

http://www.facebook.com/grincom

http://www.twitter.com/grin_com

HWP - Hamburger Universität für Wirtschaft und Politik, Hamburg
Kurs Migrationssoziologie

Die soziodemographische Entwicklung der nichtdeutschen Bevölkerung der Freien und Hansestadt Hamburg im Zeitraum 1975 – 1999 am Beispiel stark vertretener Ethnien.

Semesterbegleitende Hausarbeit
Wintersemester 2001/2002

Verfasser:
Michael A. Braun
HWP-Student

Die soziodemographische Entwicklung der nichtdeutschen Bevölkerung der Freien und Hansestadt Hamburg im Zeitraum 1975 - 2000 am Beispiel stark vertretener Ethnien.

Inhalt

Zieldefinition bzw. Grund dieser Hausarbeit

Da ich selbst weder im Familien- noch im näheren Freundes- und Bekanntenkreis Menschen nichtdeutscher Herkunft habe, war es für mich wichtig, dieses Thema zu behandeln. Ich wollte mich so einer für mich bisher unbekannten Materie nähern.

Diese Hausarbeit ist aus meiner persönlichen Ansicht heraus entstanden, dass der Stellenwert der nichtdeutschen Bevölkerung Hamburgs oft falsch eingeschätzt und unzureichend gewürdigt wird. Häufig werden vorschnell irgendwelche Aussagen, meist subjektiv induziert, über Mitbewohner getroffen, die objektiv nicht nachvollziehbar sind. Dabei spielen meist ganz bestimmte Motive und Ideologien eine wesentliche Rolle. Aber auch eigene Ängste und die gesamtwirtschaftliche Lage beeinflussen die Meinungsbildung eines Individuums in Bezug auf nichtdeutsche Mitbewohner. Insofern ist es wichtig, gezielt und entschlossen gegen falsche Bilder vorzugehen. Dies kann meiner Meinung nach nur durch eine Fülle anschaulich vermittelter Zahlen geschehen. Diese Hausarbeit soll nun einige frei zugängliche Daten zusammenfassen und in komprimierter Form wiedergeben.

Methode & damit verbundene Probleme

Nach einer umfassenden Datensammlung, die sowohl im Internet als auch in gedruckt publiziertem Material stattfand, bestand meine Aufgabe ich der Selektion und Bewertung der verschiedenen Aussagen. Ich musste mir Gedanken zu deren sinnvollen Komprimierung und der jeweiligen Sinnhaftigkeit machen. Im Anschluss daran galt es, das selektierte und bewertete Material in aussagekräftige Bilder zu packen und effektiv zu präsentieren. Diese vorliegende Hausarbeit ist insofern der Anhang einer am 10. Januar 2002 an der HWP gehaltenen Präsentation.

Problematisch bei der Datensuche war meiner Ansicht nach besonders, dass es in Hamburg mindestens drei verschiedene Datenquellen gibt. So unterscheiden sich die Zahlen, die aus dem Ausländerzentralregister (AZR) stammen, auf Grund jeweils unterschiedlicher Fehlerquellen oftmals von den Zahlen des Statistischen Landesamtes, die in der Regel aus dem Melderegister und der Fortschreibung der Ergebnisse der Volkszählung von 1987 basieren. In dieser Hausarbeit beziehe ich mich zumeist auf die vom Statistischen Landesamt Hamburg erhobenen Daten.

Der Erste Teil meiner Hausarbeit bezieht sich sehr stark auf das Zahlenmaterial. Der Zweite Teil hingegen besonders auf die Buchquellen und Ergebnisse einer durch das Projekt Integration in Hamburg durchgeführten repräsentativen Studie. Die Untersuchung 'Leben und Wohnen in Hamburg' wurde im Sommer 1999 postalisch unter 6.000 Personen in der Freien und Hansestadt Hamburg – gefördert durch Mittel der Stadt und der Ausländerbeauftragten - durchgeführt. Dabei wurden insgesamt neun verschiedene Nationalitäten befragt (Deutsche, Türken, BR-Jugoslawen, Polen, Afghanen, Iraner, Portugiesen, Griechen und Ghanaer).

1.   Demographie – gegenläufige Entwicklungen

1.1.   Entwicklung des Ausländeranteils

Laut der Zählung des Statischen Landesamtes Hamburg betrug der Anteil Hamburgs nichtdeutscher Bevölkerung, also Menschen, die über keinen deutschen Pass verfügen, 1975 6,78% der Gesamtbevölkerung. Dies entsprach damals 116.396 Menschen. Dem gegenüber stehen im Jahre 1999 15,36% oder 261.871 Personen. Zieht man jedoch das Melderegister zu Rate, so ergeben sich andere Zahlen. Hier wird 1975 von 7,22% oder 124.075 bzw. 1999 von 15,90% oder 273.086 gesprochen. Zum Vergleich: Die Stadt Frankfurt am Main hatte Ende 1997 einen Ausländeranteil von rund 30 Prozent. Bemerkenswert ist, dass der Ausländeranteil in Hamburg in den genannten 25 Jahren kontinuierlich, zumeist im mittleren einstelligen Prozentbereich, gestiegen ist.[1]

Dem gegenüber haben sich die Zahlen der deutschen Bevölkerung konträr entwickelt. So sank die Zahl der Deutschen in Hamburg von 1.600.987 (1975) auf 1.442.864 (1999). Lediglich Ende der achtziger Jahre kam es kurzzeitig zu einer gegenläufigen Bewegung. Die gesamte Entwicklung lässt sich jedoch relativ einfach mit dem Begriff der 'Umlandmigration' erklären. D.h., die Menschen arbeiten zwar in der Metropole, leben allerdings in Gebieten, die der Stadt nicht direkt zugerechnet werden. Gründe sind z.B. geringere Lebenshaltungskosten und eine andere Lebensqualität.

---

[1] Siehe vergleichende Grafik in der Präsentation

Der eklatante Unterschied der Entwicklung zwischen deutscher und nichtdeutscher Bevölkerung hängt jedoch auch mit etwas Anderem zusammen.[2] Die Zahl der lebendgeborenen nichtdeutschen Kinder lag in der Vergangenheit meist über der Sterberate der Nichtdeutschen; d.h., deren Reproduktionsrate ist höher, als die der deutschen Bevölkerung. So ergibt sich schon ein positiver Saldo, der 1997 bei 2.932 lag. Bei den Deutschen hingegen gibt es seit vielen Jahren einen negativen Saldo. Dieser lag 1997 bei 5.290 Personen. Allein durch Geburts- und Sterbefälle ergab also sich eine nicht unbedeutende kontinuierliche Steigerung des Ausländeranteils.

Auch im Verhältnis zwischen Frauen und Männern ist eine Veränderung zu beobachten. Wurden 1975 noch sehr ungleich, 920.108 Frauen und 797.275 Männer registriert, so sind es ein Vierteljahrhundert später bereits 880.049 Frauen zu 824.686. Männern. Hierbei fallen besonders starke Schwankungen innerhalb des beobachteten Zeitraumes auf.

1.2.   Herkunft

Betrachtet man nun die nichtdeutsche Bevölkerung Hamburgs unter dem Aspekt der Herkunft, dann zeigt sich auch hier ein gespaltenes Bild. Zum einen gibt es eine große Vielfalt an unterschiedlichen Herkunftsnationen[3], zum anderen aber eine klare Polarisierung auf einige wenige Schwerpunktländer bzw. –regionen. So lebten im Jahr 2000 in Hamburg besonders viele Menschen aus der Türkei, dem ehemaligen Jugoslawien, Polen, Afghanistan, dem Iran, Portugal, Griechenland und Italien. Diese Schwerpunkte hatten sich im Laufe des beobachteten Zeitraumes von 1975 bis 1999 allerdings immer wieder geändert. Gründe hierfür waren meist die typischen Migrationsbeweggründe.

Unter den Nichtdeutschen stellen türkische Staatsbürger mit 67.387 Menschen die größte Minorität (24,68% der Nichtdeutschen; 3,95% der Gesamtbevölkerung). Zum Vergleich: Im gesamten Bundesgebiet lebten Ende 1997 rund 2,107 Mio. türkische Staatsbürger; in Hamburg (1997: 71.426) lebten demzufolge also 3,39% aller in Deutschland lebenden Türkinnen und Türken.

---

[2] Quelle: die Ausländerbeauftragte des Senats – Zahlenmaterial
[3] am 31.12.1997 waren es laut Melderegister 184 Nationen; siehe Anhang

Die zweitgrößte Minderheit stellen die Bewohner des ehemaligen Jugoslawien. Ihre Zahl liegt 1999 bei 35.922; das sind 13,15% der Nichtdeutschen bzw. 2,11% aller Bewohner Hamburgs. Zum Vergleich: In ganz Deutschland waren 1997 721.029 Menschen aus dem ehemaligen Jugoslawien. Demzufolge lebten in Hamburg (24.567) rund 3,41% aller Menschen dieser Region in Deutschland.

Die Zahl der Polinnen und Polen, die drittgrößte Bevölkerungsminderheit stellen, lag 1999 bei 19.072. Bezogen auf alle 273.086 Nichtdeutschen ergibt sich ein Anteil von 6,98% bzw. von 1,12% an der Gesamtbevölkerung. Von den in Deutschland lebenden 283.312 polnischen Einwohnern lebten 1997 somit ca. 6,77% in Hamburg (19.189).

Der größte Teil Hamburgs nichtdeutscher Bevölkerung stammt aus Ländern Europas. So kamen Ende 1997 194.021 der insgesamt 272.738 Nichtdeutschen von dort. Dies entspricht einem Anteil von 71,14% innerhalb der nichtdeutschen Bevölkerung bzw. 11,38% in Bezug auf die Gesamtbevölkerung. Aus den Mitgliedsstaaten der Europäischen Union stammten 52.115 Menschen (19,11%/3,06%), aus Asien 49.718 (18,23%/2,92), aus Afrika 15.984 (5,86%/0,94%), aus Nord-, Mittel- und Südamerika 10.014 (3,67%/0,59%) und aus Australien 1.078 (0,40%/0,06). Die Zahl der Nichtdeutschen, die staatenlos, ohne nähere Angaben und ungeklärter Herkunft sind, beläuft sich auf 3.846 (1,41%/0,23) Einwohner. (Die Addition dieser Zahlen ergibt eine Anzahl von 274.661; die Abweichung zu der eigentlichen Zahl von 272.738 hängt mit der verzögerten Datenerhebung im Melderegister zusammen, da ausgereiste Nichtdeutsche, zum Teil ohne Abmeldung, das Land verlassen.)[4]

1.3.   Altersstruktur

Der Anteil der Nichtdeutschen an der Gesamtbevölkerung lag in Hamburg Ende 1999 bei rund 15,90% (s.o.). Dieser Wert bezieht sich auf die im Melderegister angegebenen Einwohnerzahlen von 273.086 bzw. 1.717.383. Innerhalb dieses Bevölkerungsteils lassen sich, wie in der Gesamtbevölkerung auch, mindestens drei große Gruppen ausmachen. Zum einen die 58.264 Minderjährigen von 0 - 18 Jahren, die 22,25% (bei Deutschen 15,01%) der Gesamtgruppe ausmachen. Dann

---

[4] Quelle: Ausländerbeauftragte - Zahlenmaterial

die 193.268 Personen im arbeitsfähigen Alter von 18 - 65 Jahren, die den Löwenanteil von 73,80% (bei Deutschen 65,91%) stellen, und die – immerhin noch – 10.339 nicht mehr arbeitenden Menschen ab dem 65. Lebensjahr. Diese machen einen Anteil von 3,95% (bei Deutschen 19,09%) aus.

Besonders auffällig ist, dass der Anteil der Nichtdeutschen im Vergleich zu Deutschen in der Jugend überproportional hoch ist. Geht man von 15,36% Ausländeranteil in Hamburg aus, so bringen es die 0-6jährigen auf 20,72%, die 6-10jährigen auf 21,13%, die 10-18jährigen auf 21,61%. Einen noch stärker ausgeprägten Anteil an der im Stadtgebiet Hamburgs lebenden Bevölkerung stellt die Gruppe der 18-30jährigen. Sie stellen 25,10%. Danach nähern sich die Werte wieder dem Durchschnitt. Die Gruppe der 30-45jährigen kommt noch auf 17,48%, die der 45-65jährigen nur noch auf 11,40%. Die letzte Gruppe hingegen ist besonders gering; nur 3,62% aller in Hamburg lebenden Menschen über 65 Jahren sind Nichtdeutsche.

1.4.   Aufenthaltsdauer

Ende 1997[5] lebten bereits 180.230 Nichtdeutsche mindestens acht Jahre in der Hansestadt; das entspricht - gemessen an der Zahl aller Nichtdeutschen (310.279[6]) – 58%. Nach Meinung der Ausländerbeauftragten könnte damit mehr als die Hälfte, zumindest theoretisch, eine unbefristete Aufenthaltserlaubnis oder eine Aufenthaltsberechtigung bekommen. Laut Ausländerzentralregister hatten damals 31.414 Personen eine Aufenthaltsberechtigung und 80.964 Personen eine unbefristete Aufenthaltserlaubnis; das sind insgesamt 112.378. Weiterhin könnten, ihrer Ansicht nach, theoretisch und wenn die notwendigen Voraussetzungen vorliegen, mehr als 40.000 Nichtdeutsche (mit einer befristeten Aufenthaltserlaubnis oder einer Aufenthaltsbefugnis) ihre Aufenthaltsgenehmigung verfestigen und die unbefristete Aufenthaltserlaubnis oder die Aufenthaltsberechtigung beantragen. Eine befristete Aufenthaltserlaubnis hatten 89.873 Personen; auch von diesem Personenkreis könnte ein bestimmter Teil, wenn die übrigen gesetzlichen Voraussetzungen erfüllt sind, seinen Aufenthalt verfestigen. Eine Aufenthaltsdauer von null bis acht Jahren weisen 130.049 Nichtdeutsche auf; davon leben 72.768 Personen

---

[5] Ausländerzentralregister
[6] Die Einwohnerzahlen des AZR liegen in der Regel über den Zahlen des Melderegisters, da Informationen über die Ausreise von Personen nur schwer oder zeitverzögert in die Statistik einfließen.

zwischen vier und acht Jahren hier und könnten ebenfalls ihren Aufenthalt in absehbarer Zeit verfestigen.

2. Lokalität – Segregation und Konzentration

2.1 Räumliche Verteilung in Hamburg

Nach Aussage der Verfasser der Studie[7] ist die räumlich Verteilung der Nichtdeutschen in Hamburg nicht einfach nachvollziehbar. So sind drei der sieben Bezirke deutlich überdurchschnittlich was den Ausländeranteil angeht. Der Bezirk Mitte hat beispielsweise 27,30% Ausländeranteil. Von 180 Ortsteilen sind ebenfalls 141 mit mehr als 10,00% Ausländeranteil bedacht. Elf Ortsteile liegen unter fünf Prozent. Dies sind überwiegend Gebiete in den 'ländlichen' Regionen von Bergedorf und Harburg sowie Stadtteile in den Walddörfern.

Über dem Durchschnitt von 15,90% liegen 81 Stadtteile; dies entspricht rund 45% der Stadtteile Hamburgs. Zwischen 30,00 und 50,00% Ausländeranteil liegen 22 Ortsteile wie z.B. Altona-Altstadt, St. Pauli oder Wilhelmsburg. In acht Stadtteilen liegt der Anteil über 50,00%. Dies hängt jedoch hauptsächlich mit der geringen Grundgesamtheit von nur wenigen Dutzend Einwohnern zusammen.

Interessant ist in diesem Zusammenhang auch, dass laut Studie rund zwei Drittel aller Nichtdeutschen weder ein bestimmtes Wohnviertel, in dem überwiegend Deutsche noch überwiegend Personen ihrer eigenen ethnischen Herkunft leben, bevorzugen würden. Wenn sie sich entscheiden könnten, würden sie lieber mit deutschen Mitbewohnern zusammen leben. Lediglich fünf Prozent ziehen es vor, mit ihren Landsleuten zusammen zu wohnen.

2.2 Soziale Distanz sowie Wohnung und Wohnumfeld

Zwar liegt der Grad der Fremdenfeindlichkeit hierzulande deutlich niedriger, dennoch bevorzugen Hamburgerinnen und Hamburger in stärkerem Maße als Befragte im restlichen Bundesgebiet segregierte Wohnverhältnisse. Eher willkommen als Nachbarn sind Italiener und Aussiedler; weniger gerne gesehen Asylbewerber und Türken. Gegenüber Nichtdeutschen in der Familie zeigt sich die Hamburger Bevölkerung ebenfalls nicht so verschlossen wie der Rest der

---

[7] Untersuchung 'Leben und Wohnen in Hamburg'

Republik. Auch hier gelten die Nationalitätenpräferenzen wie oben. Insgesamt reduzieren Kontakte im Freundes- und Bekanntenkreis den Wunsch nach Segregation stärker als andere Formen des Kontakts (z.B. Nachbarschaft).

Die Studie hat allerdings auch einige andere interessante Ergebnisse zu Tage gebracht. So leben in den befragten Haushalten durchschnittlich mehr Menschen in kleineren Wohnungen. Allerdings differieren auch hier die Zahlen sehr stark. Während in nichtdeutschen Haushalten im Schnitt 3,2 Personen leben sind es in deutschen nur 2,4. Betrachtet man nun die Unterschiede innerhalb der Gruppe der Nichtdeutschen, so zeigt sich ein heterogenes Bild. Unter den einzelnen Nationalitäten sind besonders die afghanischen (4,0 Personen) und die türkischen (3,5 Personen) Haushalten relativ groß. Hingegen ghanaische (2,6 Personen) und polnische relativ (2,7 Personen) klein.

Die Wohnungen der Ausländerinnen und Ausländer sind mit durchschnittlich 67,8 qm deutlich kleiner als die 82,8 qm der deutschen Bevölkerung. Die Wohnfläche beträgt somit pro Deutschem 38,9 qm, pro Nichtdeutschem hingegen nur 24,3 qm. Besonders in türkischen (21,7qm) und afghanischen (19,4 qm) Haushalten ist die Wohnfläche pro Kopf nur sehr gering. Ganz im Unterschied dazu haben Iraner von allen befragten mit 29,5 qm pro Person den meisten Wohnraum.

Soziodemographisch betrachtet leben Nichtdeutsche überproportional oft in Stadtteilen mit schlechter sozialer Lage (25,00%). Nur etwa zehn Prozent leben in einer guten sozialen Lage. Wobei Iraner besonders häufig in Stadtteilen mit guter Soziallage wohnen und Türken besonders häufig (56,00%) in schlechter Soziallage leben. Ergänzend dazu nehmen Deutsche ihre Wohnumgebung sehr viel häufiger als 'unsicher' wahr als die befragten Nichtdeutschen. So gibt es für rund 50,00% der Deutschen und nur für 37,00% der Nichtdeutschen nachts eine unsichere Gegend in der Nähe ihrer Wohnung.

· Insgesamt beurteilen Deutsche das Verhältnis zu ihren nichtdeutschen Nachbarn wesentlich positiver als Nichtdeutsche selbst. Auch die Dauer des Zusammenlebens ändert hieran nichts. Relativ unpersönliche Verhältnisse sind bei Iranern und Ghanaern zu finden. Deutlich bessere werden hingegen von Afghanen, Portugiesen und Türken berichtet.

Fazit

Eigene abschließende Bemerkungen

Nachdem Deutschland nun seit einigen Jahrzehnten ein Einwanderungsland ist, hat sich auch das Gesicht dieser Republik verändert. Die Bevölkerung ist, nicht nur auf den ersten Blick, vielschichtiger geworden. Wobei man hier allerdings nicht pauschal von einer offeneren und toleranteren Gesellschaft ausgehen sollte. Auch in Hamburg sind diesbezüglich zahlreiche Veränderungen eingetreten.

In der vorliegenden Hausarbeit habe ich versucht die aktuelle soziodemographische Situation der Nichtdeutschen treffend zu beschreiben. Insgesamt betrachtet gehen die meisten Bevölkerungsschätzungen von einem weiter wachsenden Anteil der Nichtdeutschen im Vergleich zu Deutschen aus. Als Fazit ist für mich nun die Feststellung, dass Hamburg und Deutschland Zuwanderung brauchen, vorrangig. Die Folien des Ersten Teils zeigen ganz deutlich, wie überlebenswichtig Zuwanderung gerade heute für unsere Gesellschaft ist.

Genauso wichtig ist mir jedoch auch die Bemerkung, dass die Menschen, die bereits hier sind, hier leben und arbeiten, sich hier wohlfühlen, noch stärker integriert werden. Für mich ist es ein unhaltbarer Zustand, dass es Menschen unter uns gibt die zwar gute Leistung und Anteilnahme am öffentlichen Leben bringen, dafür aber nicht entsprechend gewürdigt i.S.v. integriert werden. Es kann nicht sein, dass weiterhin Segregation und Konzentration auf einzelne Ortsteile dominieren. Hier ist m.E. nach die lokale Politik gefragt, die notwendigen Weichen zu stellen und Maßnahmen zu treffen.

Quellenverzeichnis

- Ausländerbeauftragte(r) des Senats der Freien und Hansestadt Hamburg
- Statistisches Landesamt der Freien und Hansestadt Hamburg
- Untersuchung 'Leben und Wohnen in Hamburg' / Projekt Integration
- Einwohnerzentralamt (Zentrale Ausländerbehörde)
- Ausländerzentralregister (AZR)

Senator a.D. Günter Apel, Ausländerbeauftragter des Senats der Freien und Hansestadt Hamburg, **Erster Bericht an den Senat - Zur Arbeit des Ausländerbeauftragten** – 1992 - Eigenverlag

Senator a.D. Günter Apel, Ausländerbeauftragter des Senats der Freien und Hansestadt Hamburg, **Zweiter Bericht an den Senat - Zur Arbeit des Ausländerbeauftragten in den Jahren 1993 bis 1995** – 1995 - Eigenverlag

Senator a.D. Günter Apel, Ausländerbeauftragter des Senats der Freien und Hansestadt Hamburg – **Dritter Bericht an den Senat - Zur Arbeit des Ausländerbeauftragten innerhalb seiner Amtszeit von 1990 bis 1998 (Abschlussbericht) und Vorschläge zur Verbesserung der Integration und Gleichstellung der nichtdeutschen Bevölkerung Hamburgs** - Tätigkeitsbericht für die Jahre 1996 bis 1998 –2001 – Eigenverlag

Prof. Dr. Ursula Neumann, Ausländerbeauftragte des Senats der Freien und Hansestadt Hamburg – **Bericht an den Senat der Freien und Hansestadt Hamburg (Berichtszeitraum 1999 – 2001)** - 1998 – Eigenverlag

Prof. Dr. Ursula Neumann, Ausländerbeauftragte des Senats der Freien und Hansestadt Hamburg – **Zahlenmaterial zur Situation der nichtdeutschen Bevölkerung in der Freien und Hansestadt Hamburg** – 1999 - Eigenverlag

Klaus J. Bade / Rainer Münz - **Migrationsreport 2000** – 2000 - Campus Verlag / Lizenzausgabe für die Bundeszentrale für politische Bildung, Bonn

Hartmut Häußermann / Ingrid Oswald (Herausgeberin) - **Zuwanderung und Stadtentwicklung** – 1997 - Westdeutscher Verlag

Diverse Kommissionsmitglieder (u.a. Rita Süssmuth) - **Zuwanderung gestalten und Integration fördern** - Bericht der unabhängigen Kommission "Zuwanderung" - 2001 – Eigenverlag Bundesministerium des Inneren, Berlin

Rainer Münz / Wolfgang Seifert / Ralf Ulrich - **Zuwanderung nach Deutschland: Strukturen, Wirkungen, Perspektiven** – 1999 - Campus Verlag, Frankfurt